I0839887

YÜZYILI ANLAMAK

Günümüz bilgi birikimiyle

H.GÖKÇE BIRGIN

2018

YÜZYILI ANLAMAK

Resim sanatındaki birçok ekolün 19.ve 20. yüzyıllarında ortaya çıktığı görülüyor.

Sanatçılar toplumun gidişatından, ortamın ve çağının yorumu olan eserler ortaya çıkarmışlardır.

Bazılarında bir arayış var,bazılarında yaşama dair sonuçlar var.Bazılarında başkaldırılar, itirazlar var...Sanki daha çok buhranlar buhranlar var.

Belki nedenini anlamak için o yüzyıllara bakmak gerek.Dünyadaki devinimler sanatkarları derinden etkilemiş...

19.yüzyılda dünyada milliyet ilkesiyle yeni devletler oluşurken, Avrupa'da bir sanayii toplumu belirmiş.Önce Kapitalizm sonrasında Sosyalizm belirmiş.Bilim ve teknoloji etkili bir birliktelikle sanayii devrimi sağlamış ve yeni buluşlar ortaya çıkmış.Telgraf, telefon vb..

Oluşan işçi sınıfında erkek, kadın ve çocuğun ezildiği gözlenmiş, kentleşme ile birlikte yaşam düzeyi yükselmiş.

20.yüzyıla geçerken, 20.yy adeta bir önceki yüzyılın sonuçları ya da bir birikimsel bir aktivasyon denemesi gibi olmuş insanlık için.

20. yüzyılda çok belirgin olaylar vardır:

1.Dünya Savaşı

/ Çanakkale Savaşları/Kurtuluş Savaşı : Avusturya MacAristan ile Sırplar arasında başlayan gerginlik Rusya ve Almanya' nın safını belirlemesi ve sonrasında ikili ittifak anlaşmaları nedeniyle Fransa ve İngiltere' nin de savaşa katılması sonucunu vermiş.İttifak anlaşmaları bu savaşta önemlidir.

Rus devrimi

Kadınlara dünyada ilk kez oy hakkı tanınması 1907 Finlandiya.Türkiye Cumhuriyeti' de bu aydın bakış açışısına 1934'te adapte olmuştur.

Almanya ve İkinci Dünya Savaşı

Pearl Horbor saldırısı   1941

2.Dünya Savaşı' nın bitişi

 Atom bombaları 1945

Birleşmiş Milletlerin kuruluşu 1945

İsrail' in kuruluşu 1948

Keneddy suikasti

Apollo 11 in Ay'a inişi 1969

Çernobil faciası 1986

Berlin Duvarı'nın yıkılması 1989

Evet, dünyada bütün bunlar olurken insanda toplumda neler oluyordu?

Resim sanatında bazı ekollere bakacak olursak:

Bazen herşey göründüğü gibi idi…Natüralizm

Bazen herşey, bazıları için göründüğü gibi idi. Makine ve insan bilinci konstrüktivizm

Hayat ve doğa güzeldi.Bunu resmetmek güzeldi… Hudson River School ve temsilcileri

Bu çalkantı, bu savaş anlamsız kötü ve mantıksızdı.Bu anlarda adeta hayat da öyle idi…
Dadaizm

Doğadan ilham almak vardı...Barbizon hareketi

Sanki yaklaşmakta olan kötü günleri hissedercesine, Fovizm…Yırtıcılık akımı diye çevrilmiş.

Sürrealizm ve Salvador Dali… Hayaller,bilinçaltı, duygular istekler vb.

Kübizm… Objeler

Vb..

21. yüzyıldayız.

İlk küresel çalkantı 11 eylül Amerika Birleşik Devletleri İkiz Kulelerinin yıkılması ile başlıyor.

Ve dünya küresel..Bilgi artık Afrika' da yaşayan biri için de, sıradan herkes için de ulaşılabilir.

Sanat bu yüzyılda dünya coğrafyasının tümünden nasıl bir ses verecek? Sanatçılar hangi
ekollerde neler söylemis olacak acaba?..

2018 yılında, daha 21.yüzyılın çok başındayız.

THALES, ESKİ MISIR VE ANTİK YUNAN

Hz.İsa'nın doğumundan 2018 yıl sonradayız.

Thales' i incelemek için, hz.İsa'nın doğumundan 600 yıl geriye gideceğiz.Aristo'dan da öncedeyiz.Yetmiş sekiz yıl bir ömür süren Thales dönemine varacağız.Yani kabaca günümüzden 2640 yıl geriye dönüyoruz.

Bu kadar geride, çok aşina şeyler bizi bekliyor:

Çap, çember, üçgen, açılar...

Güneş tutulması.

Dahası yaşanan hayat birçok açıdan aşina:Ticaret, geçim, varlıklı aileler, ülkeler, yöneticiler vb.Yani günümüzün geçim uğraşları ve kurumsallaşmaları, statüleri o dönemde çağına göre süregidiyor.

Thales kaynaklarda Mısır Matematik Okulu'nun ilk öğrencisi olarak geçiyor.

Babil ve Mısır Uygarlıklarında o dönemde matematik çok işlevsel.

Babilliler, Mezopotamya' da yaşıyorlar.Arazilerinin sınırlarını hesaplıyorlar.Takvim kullanıyorlar.Sayı sistemleri var.

Mısır' da Nil nehri her yıl taşıyor.İnsanların arazilerinin sınırları kayboluyor.Bu taşkınlardan dolayı her yıl sınırlar yeniden hesaplanıp paylaşılıyor.

Bu durum yeni geometrik yöntemler geliştirtiyor.

İşte Thales, matematik- geometri bilgisini bu kaynaklardan almıştır.

Bu dönemin 35 bin yıl gerisinde de, yani Nuh Tufanı' ndan 10 bin yıl önce de, insanların matematiksel büyüklükleri kaydettiği sayı sistemi geliştirdikleri, basit ikili çarpma bölme yapabildikleri kalıntılardan anlaşılabilmektedir.

Bahsi geçen bu zaman dilimi günümüzden 37 bin yıl öncesine denk geliyor.

Günümüzden 37 bin yıl önce,

Thales'den 35 bin yıl önce ,

Nuh Tufanı'ndan 10 bin yıl önce de,sayı sistemi- takvim ve matematik.

Bir fikir vermesi açısından rakamlar kabaca yazıldı.

Thales' in geometri tanımlamalarını halen ortaokul ve lise geometri derslerinde kullanıyoruz:

Çap, çemberi iki eşit parçaya böler.

Bir ikizkenar üçgenin taban açıları birbirine eşittir vb..

1 yıl 365 gün olmalıdır.

Kendi döneminde 28 mayıs 585 yılında güneş tutulmasını önceden hesaplaması ve bu öngörüsünün doğru çıkması halk arasında meşhur olmuştur.

Güneşin çapını ölçmüş, ekvatoru tanımlamıştır.

Eski mısır ve Babil kaynaklarından aldığı matematik- astronomi bilgilerini, Eski Yunan' a taşımıştır.

Kendisinden sonra gelen akıl, sorgulama, düşünmeye dayalı matematik- astronomi -felsefi çözümlemeler yapmaya çalışan, Antik Yunan çağının temelini atmıştır.

Dünyaya ait öngörülerinde isabetsizlikler vardır:

Dünyanın bir tepsi gibi yuvarlak okyanusta yüzdüğünü savunmuştur.

Evrenin özü sudur.

Varlık su ile başlar, suya döner diye düşünmektedir.

Zamanın idarecileri ile arasının iyi olduğu söylenir.

Günümüze ulaşan bazı öğütleri vardır.Bu öğütler bugün söylenmiş gibi tazedir.

BUGÜNDEN ARİSTO'YA

Aristo' dan bahsederken, biz şu an neredeyiz? Aristo zaman akışında tarihin neresinde duruyor? İyice bir belirlemeli.

Aksi taktirde okuyucu için bilgiler,birbirinden kopuk olabiliyor.

Miladı yeniden, bir doğru parçasında sıfır noktası kabul ediyoruz:Bu sıfır noktası Hz.İsa' nın da doğum tarihi kabul edilen kutlu bir gündür.

Biz milattan itibaren ve sonra 2018 tarihinde bulunuyoruz.ARİSTO bu milattan itibaren, ama önce 322-384 yıllarında yaşamış.

Yaşadığı dönemde Makedonya kralı dünyanın en etkili ordusunu Yunan askeri teknolojisini kullanarak kurmuş.Tarihte meşhur İskender, bu kralın oğludur.Kral 2.Philippos, oğlu İskender' in Aristotales' den ders almasını istemiştir.Ve Aristotales 3 yıl boyunca İskender' e ders verir. İskender ise yaşadığı müddetçe Aristo' ya çalışmalarında destek verir.Aristo hayalini kurduğu okulunu İskender döneminde kurar.Bu okulun hem müdürlüğünü yapar,hem derslere girer.

Aristo dönemine kadar dünya çok günler görüp geçirmiştir:

Aristo' dan 24 bin yıl önce Nuh Tufanı olmuş.

10500 yıl önce dünya buzul çağına girmiş.

3600 yıl önce çivi yazısı bulunmuş.

2300 yıl önce Keops Piramidi inşa edilmiş.

1500 yıl önce İbrahim peygamber gelip geçmiş.

1100 yıl önce Anadolu' da Hitit hakimiyeti var.

678 yıl önce Davut Krallığı yani Hz.Davut peygamber dönemi

600 yıl önce Süleyman krallığı yani Hz.Süleyman peygamber dönemi

430 yıl önce Roma'nın kuruluşu.

Roma İmparatorluğu, tarihinde cumhuriyet dönemine de sahip, iki bin yıl çeşitli şekillerde hakimiyeti sürecek bir imparatorluk olacaktır.1453 yılında Fatih Sultan Mehmet'in İstanbul'u fethetmesiyle, Doğu Roma İmparatorluğu toprakları da son bulmuştur.Asya ve Avrupa Kıtası'nda Fatih'in fethinden sonra kültürel etkileşim anlamında önemli bir canlılık ve hareketlenme yaşanmıştır.Rönesans ve üç kıtaya yayılacak bir Osmanlı İmparatorluğu.Ve de Osmanlı İmparatorluğu'nun yükseliş devri.Bu fetih, bugünkü Kıta Avrupası'nın kurumsallaşmış yapısının ve günümüz Ortadoğu coğrafyasının önemli bir esasını oluşturmaktadır.Ancak kıta Avrupası için sanayii devrimi ve İkinci Dünya Savaşı, ülkesel işbirliklerini ve barışı hedefleyen kurumsal yapılanmaları için asıl ivmedir.Avrupa Birliği vb.

Aristo'dan 312 yıl önce Thales antik yunan felsefesinin kuruluşunu görüyoruz.

243 yıl önce Buda' nın dünyaya gelişi,

200 yıl önce Konfüçyüs' un doğumu.

Buda ve Konfüçyüs gibi bilgelerin erdem,bilgi,haddini bilmek vb.. konularda sözlerine ve yaklaşımlarına bakılarak belki eski devirlerde belli topluluklara gelmiş ,sonradan unutulup gitmiş, öğretileriyle günümüz şekliyle anılan ama özde peygamber olabileceklerine dair görüşler vardır.**İslam kaynaklarında, değişik veya aynı zamanlarda değişik topluluklalara 124000 peygamber gönderildiği ve her peygamberin kitabının olmadığı yazılıdır.**

Örneğin anneleri kardeş olan, HZ.İsa ve Hz.Yahya aynı dönemde yaşamıştır.İkisi de peygamberdir.Hz.Yahya'nın peygamberliği konusunda iç semavi dinde aynı görüştedir.

Hz.Yahya 'nın babası Hz.Zekeriya' da bir peygamberdir.

Mesela Hz.Yakup'da Hz.Yusuf' da peygamber olmakla beraber baba oğuldur.

Aristo'dan 140 yıl önce Sokrat ve Hypokrat' ın doğuşuyla karşılaşırız.

Geçmişten sıfır noktası olan milada yaklaştıkça,

Platon' un Aristo' ya ders vermesi,

Aristo' nun tarihte Büyük İskender' e ders vermesi karşımıza çıkar.

İskender Makedonya İmparatorluğu'nun sınırlarını tüm Trakya'dan taa..Hindistan'a kadar genişletmiştir. Yaşadığı sürece Aristo' ya destek olmuştur.Aristo hayalini kurduğu okulunu açmış, burada matematik, fizik, metafizik branşlarında derslere girmiştir.

O dönemde mikroskop, teleskop olmadığını, hücre- atom gözlenemediğini düşünecek olursak, Aristo'nun yorumları daha bir önem kazanmaktadır.

Varlığa dair bazı düşünceleri şunlardır:

Varlık sadece elimizle tutup gözümüzle gördüğümüz kadardır.

Dünya yaşamı da, ruh da sonsuz olmalıdır.

Ahlaklı olmak için iyi bir insan olmak yeterlidir.Ahlak dışarıdan bilgi ile kazanılamaz.

Aristo'nun yaşamında kitap haline getirilememiş eserlerinden bazıları şunlardır:

Kosmos üzerine

Gökyüzü üzerine

Gökcisimleri üzerine

Duyular üzerine

Rüyalar üzerine

Soluma üzerine

Hayvanların gelişimi üzerine

9

Duyulan şeyler

Bitkiler üzerine

Duyulduk harikulade şeyler

Mekanik

Sorunlar

Doğa cetveli

Ekonomikler

Atinalıların yasası

İskender'e retorik

Retorik ve poetika vb..

ROMA DÖNEMİ'NDEN

Oscar ödüllü Gladyatör filmi unutulmaz filmler arasındadır.Film Roma İmparatorluğu' nda arena gladyatör dövüşlerinin yapıldığı yıllara/ gider; içinde insancıl bir anlayış olmayan etkinliği,'insancıl dokunuşlu bir senaryo'; etkileyici müzikler ve görsellikle; müthiş oyuncu performanslarıyla hafızalarımıza nakşeder.

Film,arenada dövüşen bir gladyatörün eve dönüşünü anlaır hale gelir.Gerçekten güzel bir filmdir.

Colesseum,İtalya seyahatlerinde görülecek, Roma dönemine ait yapılardan biridir.MS.60 yıllarında yapılmaya başlanmıştır.Buradaki etkinliklerde bu dönemde insanlar ve hayvanlar öldürülmektedir.Bu vahşet adeta dönemin favorileri etkinlikleri arasındadır.

Bu dövüşler insanları meşgul ederken,halkın önemli gündem maddelerine yoğunlaşmalarının önüne geçilmektedir.Üç yüzyıla yakın bir sürede üç yüz bin insanın bu arenada öldüğü söylenmektedir.

Dahası Kolezyum'dan iki yüz elli yıl önce de; bu dövüşlerin olduğu anlaşılmaktadır.Şimdi bu dövüşler Colesseum ile halk arasında favori hale gelmiştir:

Bu dövüşlerin varlığı;Aristo ile/ Sokrates ile/ dünyayı sorgulayan bir anlayış edinmiş;matematik, astronomi, felsefi çalışmaları olan 'bir antik yunan aydınlanması sonrasında 'Roma için karanlık bir dönemdir.

Birçok Yunan düşünürün, bu karşılaşmaların insancıl olmadığını belirterek karşı çıktığı söylenmektedir.

Roma İmparatorluğu'nun toprakları bu yüzyıllar boyunca çok geniştir.Anadolu'yu , Ortadoğu'yu, Kudüs ve Filistin' i ,Suriye'yi içine almaktadır.

Bu dönemde, Roma İmparatorluğu' nda politik entrikalar devam ederken,toplumun duyguları vahşet sahneleriyle yozlaşırken ve ölen insanlar ve hayvanlarken;Roma İmparatorluğu' nun Ortadoğudaki topraklarında ,Kudüs civarlarında, İsa peygamber dünyadan gelip geçmiştir.Ve öğretileri Ortadoğu Roma topraklarında, alt sınıf arasında kabul görmüştür.

Romalıların baskısı ,Ortadoğu bölgesindeki Hristiyan ve Yahudiler üzerinde had safhadadır.**Hristiyanlar üzerinde değişik şekillerde süren, yaklaşık üç yüz yıl süren baskı dönemi;Roma'nın doğusunda da batısında varolmuştur.**

Ms 330 lu yıllarda Constantinus devri ile bir hoşgörü dönemi olmuş;381' de Hristiyanlık;imparatorluk için ilahi kaynaklı olduğu kabul edilen resmi bir din olmuştur.

Ms 360 yıllardan itibaren Roma halkı gladyatör savaşlarına dönmek istememiştir.

Ancak imparatorluğun Hristiyanlığı kabul edişiyle saf bir inanç özünden ister istemez uzaklaşmış,gücün kontrolüne geçmiştir. Öyle ki ortaçağda din adına bilim insanlarına,kadınlara zarar verilmiştir.Özgürlük,saygınlık ve hayatlarına kastedilerek haksız uygulamalar yapılmıştır.

Tolstoy kendi çağında, kilisenin din anlayışındaki bu gibi yanlışlıklara dikkat çekmiştir.
Reklaml

MİNBERİ-BURSA ULU CAMİİ'NİN MİNBERİ-BURSA ULU CAMİİ'NİN MİNBERİ-BURSA ULU CAMİİ'NİN

ULU CAMİİ'NİN MİNBERİ-BURSA

21. yüzyıldan yazılan bu yazıda;14.yüzyılın tam sonuna ve de Ulu Camii'nin minberine gidiyoruz.

Bu eser Osmanlı Devleti' nin 4. Padişahı Yıldırım Bayezid' in emriyle yapılıyor.

Mimarı Ali Neccar…Ama bu camiide bir ahşap işçisi var ki;
ilmi, mahareti ve işçiliği ile başdöndürüyor: Devaklı Abdülazizoğlu Mehmet.

Devaklı Abdülazizoğlu Mehmet,bugün en muhteşem teleskoplarla seyrettiğimiz Güneş Sistemi'ni,sondalar gönderilerek çekimi yapılan-ayak basılan gezegenleri Ulu Camii'nin minberine, minberin de doğu yakasına nakşetmiş.Gezegenler, yörüngelerindeki hareketlere göre tam bir isabetle işlenmiş.

Bir sözü hatırlatıyor bu tarihsel içerik:

Kâh gökyüzüne çıkarım seyrederim alemi
Kâh yeryüzüne inerim seyreder alem beni

Bilim tarihi maalesef ülkemizde 'medeniyetlerin üstünlük tarihi' olarak ifade edildi.Ya da böylesi örnekler de vardır:

Ortaçağ karanlığında engizisyon mahkemeleri vardı.Galileo dünya yuvarlak dediği için kilise tarafından afaroz edilmişti.

Aynı dönemde İslam Medeniyeti yükseliş dönemindeydi.Dünyanın yuvarlak olduğunu Kopernik'ten önce İslam alimleri söylemişti vb..

Evet bu bilgiler doğrudur da.
Ama yarışa gerek yoktur aktarımlarda.Bir üstünlüğü ispat etme çabası;asıl bilgiden,bilginin yolculuğundan bizi uzaklaştırmaktadır.Bilginin gelişiminden ve varacağı hedeften insanlığı uzaklaştırmaktadır.

Herşeyden daha çarpıcı olan milattan önce üç yüz otuz yılında ARİSTOTALES'İN /ON THE HEAVENS – GÖKYÜZÜNE DAİR KİTABINDA dünyanın yuvarlak olduğuna dair kanaati, Milattan sonra birinci yüzyılda Batlamyus' un şu anki Güneş Sistemi tanımlamasını eksiksiz bir kozmolojik modele dönüştürebilmesidir.Batlamyus'un bazı yanılgıları da vardır.

Genel bir okuma yapan insanlar,bilim tarihi okumalarına;bir daha; en azından M.Ö 340 yılından başlamalılardır.
Bilim tarihi bir insanlık tarihi olarak yeniden ele alınmalıdır.
Bilim tarihi üstünlük tarihi olmaktan çıkmalıdır.

Bu üstünlük yarışı zaten ne İsa peygamber in duruluğunda,ne de Muhammed peygamberin yaşayışında mevcut değildir.

Bilgi,apaçık yolculuğunu bütün çekiştirmelerden uzak sürdürdükçe; herkesi aydın kılan bir kolaylık olacaktır.

Geçmişin fotoğrafını net bir şekilde çekmemiz mümkün olacaktır.

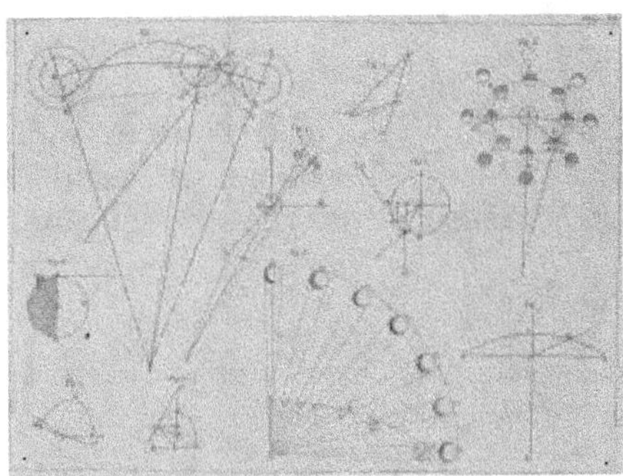

TİYATROLAR GELİŞİRKEN

Tiyatro sanatının gelişiminde,insanlık gelişiminin bütün seyri görülebilir.

Tiyatro; insanlığın evrene dair sorularının, arayışlarının ,korku ve ümitlerinin kısacası duygu, düşünce ve ruh dünyasının bir yansımasıdır.

Tiyatronun tarih içindeki seyrinin ,özgür bırakılması çok önemlidir.

Çünkü tiyatro tarihe bir izdüşümdür...

Bütün bir insanlık tarihi, tek bir insanmış gibi düşünülürse; günümüzde insanlık tarihi ,sanki otuz beş kırk yaşlarındadır...Tiyatronun tarihine de, iz düşümleriyle bakılırsa ; sanki tiyatrolar otuzbeş kırk yaşlarındadır.

Yani insanlık tarihinin; adeta emekleme, çocukluk, ergenlik dönemi olmuştur da; şimdi olgunluk çağındadır.

Çıkmaya çalışan ama bir türlü çıkamayan üçüncü dünya savaşı bunun açık görünüşüdür.İnsanlık; iki defa dünya savaşı tecrübesi yaşamıştır.

İnsanlık,maddedeki değişim ve enerji kabiliyetini; atom bombası patlatarak tecrübe etmiştir.

Ne savaşlar,ne de bombalar yaşayan sıradan insanların yüzünü güldürmemiştir.

İnsanlık bilinci, tarihindeki ;eşitsizlik ,bağnazlık ,anlayışsızlık hatıralarını bir kenara bırakmış ve bunu küresel bir etkinlikte "Evrensel İnsan Hakları Bildirgesi" yle; dünyanın neresinde olursa olsun ;dünyaya gelen her bireyin hürriyet ,güvenlik, beslenme ve barınma gibi bütün haklarını deklare edebilmiştir. Bunu ülkelerde temel hukuk disiplini olarak işlevselleşmesini desteklemiştir.

Bilim adamları haketiği saygınlığa ulaşmış, bir inanç olarak semavi dinler ;bireylerin hayatında kabul edilmiş;saf bir inanca -hangisi olursa olsun farketmez – bulanıklık veren ve dogma olarak nitelendirilen şartların;insanların kendi eşitsizlik ve adaletsizliğinin ürettiği dogmalar olduğu; ayan beyan meydana çıkmıştır:

Mesela Hristiyanlığın ilk yıllarında, köleler bile din adamı olabilirken ;bazı üst tabaka insanlar, artık kölelerin din adamı olmasının önüne geçebilmişlerdir…Oysa hz.İsa 'nın daveti eşitlik üzerinedir.Halk da bu davetin eşitlik içermesini sevmiştir.

Sonra gün gelmiş bilim adamları; savundukları bilimsel gerçekler yüzünden din adına yakılmıştır.Bu olaylar ;insanların, toplulukların kendi düşünce dünyalarının kabul etmediği şeyleri;dindenmiş gibi göstermesidir.Belki bunu o dönem kendileri bile farkında değillerdir.

Bu acı ve haksızlık yapılmış hayatların; arkada bıraktığı acı tecrübelerden; insanlık tarihinin evrensel esaslar çıkarması; müthiş bir yetkinliktir.

Bütün bunlar olurken; tiyatrolar 17.yüzyılda İngiltere 'de dinsel nedenlerle yasaklanmış; içerik üretme adına tiyatro;bir duraklama dönemine girmiştir.

İnsanlar,kafalarındaki yasaklara; hep dinden bir neden bulmuşlardır.Oysa dinler, müntesiplerine; erdemsel değerlere ,peygamberleri aracılığıyla vurgu yaparlar: Eşitlik gibi..İnsan hayatının kutsallığı vb.gibi…

Ama dönüp dolaşıp eşitsizlik yapan; savaş çıkaran insanoğludur.

Dogmalar, insanın bağnaz yanındadır.

Tiyatrolar; insanlığın ilk emekleme dönemiyle başlar desek yeridir.MÖ 40 bin ila 10 **bin yılları arasındaki mağara resimlerinde ;insanların maske ve kostüm kullanarak, ritmik hareketler yaptığına dair örnekler bulunmuştur.**

Mesela yağmurun yağması ya da avda başarılı olmak için yapılan topluca dansların; tiyatro kavramında ilk temeller olduğu ifade edilmektedir.

Tiyatro kelime anlamı olarak:seyirlik yer anlamındadır.

Milattan önceki devletlerin, imparatorlukların ve milat dönemiyle devam edegelen toplumların; tiyatroları,tapınakları ,seyirlik yerleri hep olmuştur.

Makedonya İmparatorluğu toprakları; milattan önceki yıllarda tüm Trakya' dan taa Hindistan'a kadar uzanmıştır.**Günümüz Türkiye topraklarında bir dönem İskender'in imparatorluğu hüküm sürmüştür.Daha sonra da bu topraklarda,Roma İmparatorluğu ;Trakya 'dan Anadolu'ya ve birçok Ortadoğu topraklarını içine alacak şekilde hüküm sürmüştür.**

Türkiye'de bir çok antik yapı ve antik tiyatrolar ;bu dönem izleri taşır.

Efes, Pergamon, Milet, Myra vb..

Atina şehir devleti döneminde de; Roma Dönemi'nde de ;savaşlar ,trajediler ,komediler bu seyirlik alanların konusu olmuştur.

Roma Dönemi'nde şu an iki bin yaşlarında olan Collezyum yapılmış ve gladyatör savaşları büyük arenalarda insanlar ve hayvanlar ölerek/ öldürülerek yapılır olmuştur.**Bu ortamlar da o gün için seyirlik yerlerdir ve toplumunun aynasıdır.**

Roma Dönemi'nde sokak dansı ve akrobasi de; yapılan etkinlikler arasındadır.

Çin 'de de ;milattan önce 1600' lü yıllardan başlayan ;tiyatroya dair atıflar vardır.Milattan sonraki ilk zamanlarda; akrobasi ,müzik içeren oyunlar ,danslar sergileniyor ve seyrediliyordu.

Hindistan 'da da ;milattan önce 140 yıllarında dans müzik vb..etkinlikler sergilenmiştir.

18.yyda ; Batı tiyatrosunda sahneye kadın çıkarılmasına izin verilmiştir.

19. yyda ;sosyalizm, kapitalizm yorumları; emek, emeğin paylaşımı ,eşit toplum ,eşit saygınlık gibi değerler olgunlaşarak; disipline edilmesinin zeminine ulaşılmıştır. Sanayii devrimi, kentleşme; kadın,erkek, çocuk demeden çalışıp para kazanma deneyimi; birçok temel hak disiplinlerini düşündürmüş ve şekillendirerek günümüze ulaştırmıştır.Halen de, bu konularda; yer yer önemli eksiklikler vardır.

19.yyda; tıpkı resim sanatında olduğu gibi, tiyatroda da; doğalcılık, realizm, proto ekspresyonizm/dışa vurumculuk gibi akımlar vardır.

20.yyda:

16

Kadınlar ülke ülke seçme ve seçilme hakkını kazanmışlardır. Afrika' da ırkçı ayrımcılığın sonuna varılmış; Bileşmiş Milletler kurulmuş ;spor da uluslararası basketbol futbol şampiyonaları düzenlenmeye başlanmıştır. Ve tiyatrolar; her zaman özgürlüğü savunmuşlar;**sosyolojik bir yapı olarak ailedeki ve toplumsal yapıdaki resmi gösteren bir ayna olmuşlardır.**

Aynaya bakmayı mı sevmiyoruz?...Aynada biz varız...Ne kadar eksik, ne kadar silik, ne kadar duygu dolu, ne kadar coşkun olduğumuz var..

TİYATRO EĞİTİMİ VE ÇOCUK

Çocuklarımızın bilgi dağarcığı kadar, duygu dağarcığını doyurabiliyor muyuz?Anne baba profilinin beraber gelişmediği çok fazla çocuk var.Çizgi filmlerde biberler bile ;ne kadar faydalı olduğunu, içerdikleri minerallerini anlatıyor:Yıldızlar, uzay hakkında bilgi veriyor.Kitaplar değerler eğitimi veriyor.. **Herşey ve herkes ;çocuğa hep nasihat ediyor..** Bilgisayar/tablet oyunlarında ; değişik sujeler öldürülüyor.

Oysa duyguları ve hayatın akışını rahat bırakmak; hep insan kalabilmek gerek.

Tiyatro ;duyguyu işleyip, duyguyu yaşattığı belki dirilttigi için; çocuk hayatında çok önemlidir.**Çocuğa bugünün farkındalığını sunarken ;yarının da olasılıklarını farkettiriyor.**Bize de tabii ki..

Çocuklar çalışmalarda aynı olayda; farklı arkadaşlarının, farklı tepkilerini görüyorlar.Güzel bir canlandırmada ,birbirlerini alkışlayarak; başarı ve beğeni duygusunu yaşıyorlar. Birbirlerinden farklı canlandırmalar yapmaları onlara sürprizler sunuyor ve gülüşüyorlar.Gelişiyorlar:

Çocukların yaşamdan keyif alması..Duyguyu işlemesi...Duyguların dirilmesi belirmesi...Çocukların toplumun bir bireyi olarak gülümsemesi...

İnsanlık tarihinin bu olgunluk döneminde, tiyatroyu çok önemsemeli ;çocuklarımızı ve kendimizi imkan buldukça sanatın içinde tutmaya çalışmalıyız.

Tiyatrolar üretken olmalı, tarihinin birikim olarak bu zirve döneminde; zirve eserlere imza atmalılardır.

MİMARİ VE İNSAN

Klasik mimari tanımlamalar önemlidir. Bunlar günümüzde sıradan insanlara ne anlatmalı? Ne sunmalıdır?

Selçuklu döneminde küçük dinsel yapıtlar, büyük hanlar… Osmanlı'nın imparatorluk döneminde yükselişle birlikte büyüyen biçim olarak da yükselen yapıtlar…

Zaman zaman toplumdaki dinginliğin sanat ve mimariye de yansıması...

Günümüzde digital tasarım ve üretkenlikle insanın yaşamına konfor, güven ve sağlık sunan yapılaşma... Bütün bu üretkenlik içinde insanın ruhuna ve kültürümüz içinde aile kavramına yabancılaşma.

Yabancılaşma diyorum çünkü;sosyo ekonomik düzeyi yetersiz birçok birey için ezici bir tekno/konfor/mimari/ yeni ev tasarımları.

Yabancılaşma diyorum çünkü;evler çekirdek yapıdan başka bir aile katılımına açık olmayan standartta genel kitle için.

Kariyer,para, çalışma hayatı olsa da;irdelemeden düşünen herkesi;ortalama bir metrekareye,yerleştiren yapılar mevcut.

Mimari,en az bilim ve teknoloji kadar;toplumun sosyal dokusuyla paralel gelişmelidir.

Türkiye'nin şimdi çalışma hayatında olan ve halen emekliliği gelmemiş geçiş toplumunda,bireyler meslek sahibi, çoğu itibariyle üniversite mezunu.Bu geçiş nesli doğup büyüdüğü küçük yerlerde kalmadı; başka şehirlere gittiler.Evlenip çoluk çocuğa karıştılar.Ve aile bağları aynı vefa ile sürdü,sürmekte...Bu kazanım;sosyoekonomik ve entelektüel olarak bu sınıf atlayış;bize bir ufuk vermeli idi...

Kültürel yansıma adına, entelektüel bir anlayış adına,mimariye sıkışmak değil de;mimarinin bize hizmet etmesi adına başka olmalıydı apartmanlar, yaşadığımız yerler.

Daireler çekirdek aileler için standardize edilmiş durumda.Şehirlerde mimari, insanları sıkıştırmaktadır.

-Bazı uluslararası standartlar vardır:

-Birlikte yaşayan insanların asgarî 10 metrekare alanı,bir yatağı,bir dolabı olmalıdır.

Orta sınıftan üst sınıfa çıkan çıkmaya çalışan;çıkmaya aday olan aileler ise;çekirdek aile apartmanlarında anneanne, dede, teyze, hala bir şekilde mutlu ve tutumlu olmaya çalışmaktadır.

-Çevre ile ilgili mutluluk standartları elbette vardır:

Mesela doğaya bakarsanız,aranızdaki her obje ile aranızda bir mesafe görürsünüz .

-Kalabalığı makul bir yerde iseniz, karşınızdaki her şey ile aranızda bir fiziki mesafe vardır. Bu fiziki makul mesafeler, psikolojik sınırlardır da.İnsanın yaşarken obje ve sujelerle arasında hep bir fiziki mesafe vardır.

-Aileye doğru içiçe küçük dünyasında bu fiziki mesafe daha da önemli hale gelir.Çünkü bu mesafeler,fiziki ve psikolojik sağlık sınırlarıdır da.

-O yüzden mimarimiz geniş aile yapısından kopmayan, akraba ilişkilerini önemseyip sayan toplumumuza;bireyin özbakım ve psikolojik sınırlarını sağlayıcı, evrensel standarlarda alanları olan yapılar inşa etmelidir:Bu, bu toplum için en güzel bir hediyedir.Çünkü ebeveynlerden çocuklara,çocuklardan ebeveynlere hürmet bunu hak etmektedir.

-Ben merkezli yaşamın arttığı, nihayetinde her yaştan bireylerin kendi özel yaşam sınırının olmasını istediği bu zaman diliminde benim hayalim;cep daireleri de olan apartman yapılarının artmasıdır:

-İnsanların birbirlerine hayal ettikleri kadar yakın,makul fiziki mesafede özgür olabilmeleridir.Bu durum, paranın insanı sıkıştırmasını değil,mimariyi kazancının emrine almasını sağlayacaktır.

-İnsanlar kazançlarının emrinde olmamalı;kazançlarını temel yaşam haklarının emrine alabilmelidir.

-Geniş aile yapısı her bireyi ile ailenin her ferdini geliştirir; yaşamı kolaylaştırıcı etki yapar.

-Bunun için bahsi geçen temel özgürlük ve psikolojik sınır mesafelerine evlerde önem verilmelidir.

SOMBRERO GALAKSİSİ

Tarih içinde yolculuk yaparken ve zamanın akışında yol alırken;insan yorulur, bazen yorulduğunu da bilmez.

Yaşanılan hayal kırıklıkları, ardından koşulan şeyler bazen ümit ile atbaşı gitmez.

Bazen unutulmaz birşey durdurur insanı;bir harikuladelik dizlere derman verir.

Tıpkı bir Meksika Şapkası gibi…

Göklerden,dünyamızdan,içinde yaşadığımız galaksiden çok çok uzaklarda bir muhteşemlik sessiz görünüyor. Sanki zaman duruyor kendisini seyrederken.**Görünüşünün güzelliği , bir anda herşeyi unutturuyor.**

Bu galaksiyi seyretmek;

güneşin batışını seyretmeye,

güzel bir şarkıyı mırıldanmaya,

unutulmuş bir şiiri hatırlamaya da benzemiyor.

Savaşların yaşandığı, göçlerin olduğu , hüzünlü insanların bulunduğu bir dünyada ;**mazisinde kirlilik olmayan bir güzellik,tarifi zor bir gönül doygunluğu veriyor.**

Galaksiler..İçinde milyarlarca yıldız topluluğu olan yıldız toplulukları..

Sombrero, Meksika şapkasına bir atıf..Bu galaksinin,Meksika şapkasına benzediği için böyle isimlendirildiğini söyleyerek; güzelliğindeki benzersizliğe gölge düşürmemek gerek.

Bizler;dünya üzerinde ,Samanyolu Galaksisi'nde, bir yıldızlar topluluğunda, Güneş adındaki bir yıldızın yörüngesine bağlı ,galaksinin merkezinden çok uzaklarda, galaksinin kenarlarında bir yerlerdeyiz.

Gezegenimizin çevresindeki diğer gezegenler ;ya çok soğuk / buz kütlesi halinde/ya da cehennem gibi sıcak Venüs gibi.

Venüs ün cehenneme benzer yüzeyini bilince ; geceleri gökte parlak bir yıldız gibi görünüşünü seyretmek, yüzeyini bilmeden seyretmeye benzemiyor.

Bazen hayat durağanlaşınca; SOMBRERO yu mu hatırlamalı?Sanki çok şeyler vadediyor ve anlatıyor varlığı ile.

Yukarıdaki resim ona ait.

İNSANLIK TARİHİNDE GÜNEŞ

 İnsanlığın geçmişi arkeoloji ve antropolojinin de yardımıyla aydınlanmaya çalışılıyorken; insanlar nasıl yaşamışlar, neler yapmışlar anlaşılabiliyor.

Ulaşılan metinler,tahmin edilen de eskilere ait.

Günümüze 5200 yıl kadar yaklaşıldıkça; kayda gecen veriler artarak bugüne geliyor.Ve artık datalar şeklinde bilgiler depolanıyor.

Çağlar boyunca toplu göçler,ülkelerin sınırlarını değiştirmiş.Kültürel kombinezon değişmiş ve zenginleşmiş.Bırakılan yerlerden ziyade, göçlerin olduğu yerlerde medeniyetler şekillenmiş.

Mesela; MÖ 2000 li yıllarda; Kuzey Asya Steplerinden, Ari topluluğunun Hindistan'a göçü:Hindistan uygarlığı

Mesela Kavimler Göçü:Türklerin Orta Asya' dan Anadolu'ya göçü: Altı asırlık bir Osmanlı İmparatorluğu/Devleti:Üç kıtaya yayılan bir kültür.İstanbul'un fethiyle,iki bin yıllık bir geçmişi olan Roma İmparatorluğu'nun yıkılışı.Rönesans'tan günümüze; bugünkü kıta Avrupası ve de Osmanlı'nın yıkılışından bugüne Avrupa,Asya/Ortadoğu ve yer yer Afrika coğrafyası.

Göçlerde; yaşanılan yerlerde yaşam şartlarının değişmesi ve güvenlik arayışı önemlidir.İklim şartlarının değişip de; insanların direncini aşkın hale gelmesi,bir güvenlik arayışı sebebidir.

Günümüzde, küresel ısınma ve suların yükselmesi ile şüphesiz böyle bir göç dalgası yaşanacaktır. Bu göç dalgalarının da,kültürel ve fiziksel sonuçları olacaktır.

Bu açıdan, günümüzde Ortadoğu coğrafyasında yaşanan göçleri de; yapıcı bir farkındalıkla iyi takip etmelidir.

Genel olarak Mitolojilere bakılırsa; insanlar, ihtiyaç duydukları durumlarda ve ihtiyaç duydukları konularda bir tanrıları olsun istemişlerdir.Örneğin Yunan mitolojisi.Mısır mitolojisi vb. İnsanlık tarihinde inanma isteği, inanmama isteğinden daha baskın görünmektedir.

Eski Roma, eski Amerika, eski Uzak Doğu, İran, Afrika, Türk, Kürt mitolojilerinde; o dönem uygarlıklarının inançlarına ait bilgiler bulunabilir:

Güneş tanrısı kavramı da ; insanlık tarihinde dikkat çekici olmalıdır. Güneş,hayat için cok önemli olduğundan ; bazı topluluklar güneşi kutsamışlardır.Günümüzde de; mesela Japonya' da,doğaya atfedilen bu kutsanmışlık duygusu yer yer devam etmektedir.

Bu konu günümüzde ayrı bir dikkat çekicilikte olmalıdır.Çünkü güneş izlenebilmekte ve güneş gibi daha büyük ya da daha küçük yıldızlar keşfedilmekte ;keşfedilmeye devam edilmektedir

 Referans:NASA nın muhteşem teleskopları.

Evrende bilinen güneşlerin kendileri; öylesine başdöndürücü boyutlardadır ki;biz sanki dünün insanları adına da bakmalıyız bu güneşlere..Daha doğrusu yıldızlara.. Çünkü güneş bir yıldızdır.

Güneşimizden büyük güneşler var.

İnsanlık tarihindeki Güneş tanrısı kavramını düşününce; güneşten büyük güneşler ve güneşsiz gezegenler olduğunu gözleyince;

Güneşe tümden gelip,

Güneşten tüme varınca;

24

bir sonsuzluk duygusu ve birlik temaşası kaplıyor insanı.

Hz.ibrahim' in sözleri düşüncelere çarpıyor:

Batıp gidenleri sevmem.

Mevlana 'nın sözü, bilgelik taşıyor:Güneşler vardır!

DOKUZUNCU SENFONİ

Beethoven Dokuzuncu Senfoni' de, ait olduğu toprakların ve toplumun bütün bir tarihini adeta notalarla hayalimize çizmiştir.

Dokuzuncu Senfoni,insanı hayalen kıta Avrupası tarihinin savaşlarına götürür.Kalabalık orduların, atlılarının seslerini duyurur.Sınıf farklılıklarının ağır paletleri altında ezilen insanların mazisini hatırlatır.

Adeta Beethoven' ın ruhu geçmişten yaşadığı zamana, çağından yarınlara müthiş bir nabız tutar.Bu nabız notalarında herşeyi anlatır ve insanlığa barış adına bir çağrıda bulunur.

Tolstoy' un mezarındaki çelişki ve olasılıksızlık, Beethoven' ın yaşamında başka türlü belirir.

Hiçbir şey duyamazken, Dokuzuncu senfoni ile insanlığı barışa davet etmek.

Üç yüz kişilik bir orkestra yeryüzünün en unutulmaz eserini dünyaya armağan ederken, orkestrayı yönetememek.

Herkes devasa alkışlarla onu alkışlarken, hiçbir şey işitememek. Ancak hayranlarından biri tarafından kollarından tutulup salona çevrildiği zaman, halkın gözyaşları içinde beğenilerini görüp anlayabilmek.

Dokuzuncu Senfoni'de tarihin bambaşka bir açısı da saklıdır:

Beethoven Alman bir bestekardır.Yaşadığı 1800'lü yıllarda ,yasadığı kıtada bir grup hukukçu üç yüzyıl boyunca hukuk üzerine çalışmalar yapmışlardır. Beethoven'ın yaşadığı dönem bu hukuk çalışmalarının   dördüncü yüzyılına denk gelmektedir.

Enteresandır ki, Roma İmparatorluğu milattan önceki yıllardan başlayarak tam 500 yıl cumhuriyet ile yönetilmiştir.Romalılar bu devrede, Roma Hukuku diye adlandırılan, sınıf farklılığı ile mücadele ve bireysel olarak tüm fertlerin eşit ve adil yargılanması için yazılı kanunlar hazırlayıp, on iki levha halinde yazarak şehir meydanına asmışlardır.Bu kanunlar 141 yıl meydanda asılı kalmış savaş bozgunlarıyla önce meydandan sonra yıllar geçtikçe pratik hayattan kopmuşlardır.

Bu çalışmalar milattan önceki tarihlere aittir.

 İmparatorluğun bu ilk yazılı kanunları, akıl- tecrübe ve yargılamada eşitlik orjinli bir bakış açısıyla on iki kişilik bir komisyon tarafından hazırlanmış ve sınıfsal farklılıkları gidermesi yüz yılı bulmuştur.

 İnsanın bireysel hayatındaki unutkanlıklar gibi, toplumsal hayatta da unutkanlıklar vardır.İşte bu kurallar da, taht kavgaları içinde unutulmuştur:Gücü elinde bulunduran sınıfların ya da din diye saf bir inanca ,kendi insitiyatif ve anlayışsızlıklarını karıştıran din adamlarının pratiğine mağlup olmuştur.

Savaşlar ve ortaçağın basiretsizliği bir yandan, deniz yolculuklarıyla yeni keşifler ve ekonomik kalkınma sağlayacak gelişmelerin olması bir yandan derken- 13.yydan 17.yy a Bologna, Campridge ve Oxford üniversiteleri başta olmak üzere kıta Avrupası'nın hukukçuları, Roma hukukuna dair yeni veriler keşfettikçe ,ülkelerinde akılcı ve eşitlik üzere hep yeni hukuk güncellemeleri yapagelmiştir.

Beethoven' ın yaşadığı devirde, artık Almanya' nın   Belçika' nın Fransa' nın vb..kendi hukukları vardır.

Osmanlı imparatorluğu dağılma devrine girmiştir.Yeni bilim adamları yetiştirilememektedir.Ekonomik üstünlük yeni deniz yolları keşfedilmesiyle Avrupa lehine seyretmektedir. Ve Dokuzuncu Senfoni ''kardeş olun ey insanlar!'' derken, insanlığı tam iki tane dünya savaşı beklemektedir.

Dokuzuncu Senfoni'den İkinci Dünya Savaşı'nın bitimine kadar, insanlık tarihinde insanlık adına çok değerler kaybedilmiştir.

Almanya Birinci ve İkinci Dünya Savaşı' ndan mağlubiyetle , insanlık tarihi ve vicdanı için derin izlerle çıkmıştır.

Birinci Dünya Savaşı'ndan sonra ,Osmanlı imparatorluğu yıkılmıştır.Türkiye Cumhuriyeti Devleti kurulmuştur: Ticaret ve denizcilik kanunu Almanya' dan, medeni kanun Fransa'dan alınarak, hızlı bir hukuk adaptasyonu sağlanmaya çalışılmıştır.

İşte hafızası kendine gelen kıta Avrupası, İkinci Dünya Savaşı'ndan sonra aynı acıların yaşanmaması için temel disiplinler ve birlikler geliştirmeye ve herşeyi kayda geçirmeye başlamıştır.

Kıta Avrupası'ndaki ülkeler,hükümetler arası medeni/ çağdaş/ ekonomik ve siyasal kalkınma içeren/ disiplinlere gitmeye başlamışlardır.

Bu disiplinler kurumsallaşmıştır.

1972 yılında Strasburg' da Avrupa Konseyi bakanları Dokuzuncu Senfoni'yi Avrupa Birliği'nin resmi marşı ilan etmişlerdir.

Bu çok anlamlı bir deklerasyondur :

İnsanoğlunun unutkan yanının toplum olarak etkinleşmemesi,barış ve eşitliken taviz verilmemesi en büyük bir temenni olabilir.

Sanatsal anlamada Dokuzuncu Senfoni'de ilk kez insan sesi kullanılmıştır.Shiller' in 'Neşeye Övgü' isimli şiiri bestelenerek okunmuştur.

"Kardeş olun ey insanlar, / Bunu ister tanrımız! / Bu dünyada her şey geçer, / Yalnız sana dost kalır./ İnsanlığa doğruluğa,/ Göğsünü aç korkma sakın./ Hür doğmuştur insanoğlu, / Hür yaşamak hakkıdır."

Ne diyelim?.. Amin!

TOLSTOY'UN MEZARI

Gelişen teknoloji geçmiş zaman bilgilerimizi daha canlı hale getiriyor.

Tolstoy'un mezarını da görüyoruz.

Yeryüzünde bir sürü mezar vardır da, Tolstoy'un gibisi yoktur sanırım.

Düşündürüyor insanı iz bırakıyor ve sanki zaman bir an için duruyor...

Yemyeşil bir doğada yeri cenneti hatırlatıyor.

İnsan buraya bakınca 'hayatta sade birşeyler olmalı' diyor...

Tolstoy' un eserleri ile bugün bireysel ya da küresel olarak yaşadığımız sıkıntılar birlikte düşünülürse,

tarihler değişse de insanda değişmeyen yanlar olduğunun ispatı oluyor:

MS 2018 yılında da olsak, halaa dünyada mazlumlar ve zalimler, korkaklar ve cesurlar ,zenginler ve fakirler,cömertler ve cimriler, kıskançlar ve kimsenin yaşamında gözü olmayan insanlar var.Teknoloji değişse de, insandaki bu hisler ve bu hislerin belirip kaybolmaları, bu zıtlardan hangisinin galip gelip gelemeyeceği kişiden kişiye bir dinamik halinde süregidiyor.

Tolstoy bir öz arıyor.Gerçek yaşamında varlık öylesine bunaltıyor ki, ruhunu sadeliğe ulaştıracak bir yokluk arıyor.

Samimi bir inanç arıyor.İfadelerine bakılırsa aradığını hz.İsa' da ,hz.Muhammed

' de de buluyor.Çalışmalarına bakılırsa peygamberlerin davet ettiği erdemli yola inanıyor.

İstediği sadelik ve öz için hizmetçilerini, yaşamak istemediği lüks yaşamı terkedip, 82 yaşında hasta haliyle yollara düşüp vefat ediyor.

Hz.İsa' da bulduğu eşitlik, erdem ve barışı ,çağının kilise anlayışında göremediğini dile getirdiği için kilise tarafından aforoz ediliyor.Sanki bunu çok da önemsemiyor.

Ve başında bir taş olmadan, kimliği dini neydi belli olmadan, tüm insanlık tarihine mezarıyla bir ders değil de bir his veriyor..

Sadece bir his…

<u>AŞKINLIK VE ORTALAMA</u>

İnsan sayısınca çeşitlilik ve farklılığa açık olmadığımız sürece; bazı çeşitlilikleri,ortalama değerlerle kıyaslayarak; 'bozukluk' olarak değerlendirmeye devam edecek gibiyiz.

Ortalama değerleri terk etmeyişimiz, an gelip zihnimize pranga vuruyor.Bu prangalardan kurtulmak bir ömür geçse de mümkün olamayabiliyor.

Beyin,öğrenilmiş çaresizliğe ya da yönlendirilmiş öğretiye çok açık.Her iki sınırlamadan uzak kalmak; insanlık tarihini çok iyi takip etmekte saklı.

İnsanlığın bocalama dönemleri, aydın dönemleri,fakir dönemleri,zengin dönemleri,demokratik dönemleri, krallık dönemleri, sınıfsal farklılık dönemleri, eşitlik dönemleri,şahsiyetce kaba ve zorba dönemleri, aydın ve naif dönemleri hep olmuş:Bireylerden toplumlara ve ülkelere, kıtalara, asırlara yansımış.

Şu an yerkürede; iletişim, ulaşım, etkileşim, teknoloji, öz bakım açısından; bütün statikler,bir dinamik şeklinde rayına oturmuş.

Aşkınlığa müsait bir zaman dilimi var:Bilgi, bireylere hiç olmadığı kadar aşkın ulaşıyor.Bireyler bilgiyi hiç olmadığı kadar aşkın kullanıyor.Çocuklar, geçmişe göre aşkın yetişiyor.Hastalık tedavi süreçleri,aşkınlığı hedefliyor.Ama insan ele alınırken, hâlâ vasatta kalınıyor.

Fakirlik,iklim değişikliğine sebep olma,su kaynaklarının heba edilmesi, çocuk,insan ve hayvan haklarının hâlâ ihlal edilmesi,çarptırılması; bu aşkınlığın hiçbir yerine yakışmıyor.

Geçmişten kalan eserleri/verileri incelerken; o dönemden mesajlar alıyoruz:

Biz böyle yaşadık, şunları bilirdik, şunlara inanırdık.Şunları kullanırdık vb..

Günümüzden yarınlara,görsel materyaller ve kayıtlar kalıyor.Bu kayıtlarda;

Sanat ve savaş

Sıhhat ve hastalıklar

Hayat ve ölüm

Modernlik ve göçler

Zenginlik ve fakirler

Sevgi ve öfke

Teknoloji ve iyilik/kötülük/ barış/savaş

belli bir vasatta ilerliyor.

Hatta bazen uzaya bile mesaj gönderiliyor.Belki gelişmiş bir topluluk cevap verir diye...

FUTBOL TUTKUSU

Futbol tutkusu dikkat çekici bir tutkudur.Gülümsetir,gurur verir, bazen de başı öne eğdirir.

Bu tutkuda,insanın içindeki tutku ve isteklerin en canlı bir yansıması vardır.İnsan sevdiği hiçbir şeyin bitmesini ve gitmesini istemez.**Başarılı olmak ister,gurur duymak ister,inanmak ister,mutlu olmak, eglenmek ister.Futbolda bütün bu kavramlar vardır** içiçedir.Tıpkı bir hayat gerçeği gibi; değişimler halindedir.Tıpkı hayat gibi dinamik; tıpkı hayat gibi süreğen halindedir.

Mesela renklerine tutkun olduğumuz takımımız; daima vardır; yıllar geçse de o hep vardır.

Takımda yaş aralığı/ az cok /yıllar boyu aynıdır.Bireyler degisse de bizim icin daima 10 numara bir forvet vardır...Forvetin takım için başarısı; bizim için de başarı demektir.**Hiç yaşlanmayan bir forvet daima vardır...**

İyi bir defans oyuncusu da daima vardır.Takımı ipten alır ipe götürur bazen.**Bazen savunurken, bir gol de atar..Bu da tıpkı hayat gibidir.Defanstakiler değisse de hep aynı yaşta bizim için ve takım için koşan bir defans hep vardır..**

Eğleniriz...Coşarız...Biz de bir top alır güzel çalımlar atarız.. Belki hayattaki en duru şeylerden biridir bu oyun..Oyundur ama samimidir.

İnsan ayrılıklardan değil de birlikteliklerden mutlu olur...Bizimle aynı tutkuyu paylaşanlarla bir oluruz..Aynı dili konuşur, aynı sevinç ve coşkuyu yaşarız.

Maç küresel ölçeğe taşınırsa; farklı renklere gönül verenler aynı renkte buluşuverir.Aynı coşkuyu taşıyıverir.Aynı hedefleri dileyiverir...

Futbol gerçekten güzeldir.Hayatın içindedir.Herkese neşesi,gündemi; illaki ulaşıverir.

FUTBOL VE TARİHÇESİ

Futbolun tarihçesi şöyle bir araştırırsanız göreceksiniz ki,mazisi taa milattan önceki yıllara dayanıyor. Bilgiler daha sahici olsun, nerelerden bahsediliyor? diye miladı yeniden hatırlamak lazım...

Milat İsa peygamberin doğduğu tarihtir diyebiliriz.Genel kabul bu şekildedir. Bu tarihten önceki zamanlar milattan önce, sonraki zamanlar da milattan sonradır.

Futbolun izlerini sürerken milattan başlıyoruz taa....2500 yıl geriye gidiyoruz.

Giderken tarihsel olarak,

Arşimet' i geçiyoruz,

Daha geride Sokrat ı geçiyoruz,

Davut Krallığı'nı geçiyoruz,

Geri geri giderken Süleyman Krallığı'nı da geçiyoruz.

Daha geride Musa peygamberin mucizelerinin gerçekleştiği dönemi de geçiyoruz.

İbrahim peygamber' in Kenan' a göç ettiği dönemi geçiyoruz.

Taa..Keops Piramidi'nin inşa edildiği zaman dilimlerine,hatta az biraz öncesine kadar geliyoruz.

Burası milattan önce 2500 yılları!

İşte bu yıllarda,arkeolojik kazı bulgularına göre eski Mısır Medeniyeti duvar resimlerine göre, top oynayan insan figürleri görülebiliyor.

Top ve oyun…

Değişik isimlerle çağlar boyu dünyanın değişik medeniyetlerinde insanların içinde olmuş.

Milattan sonra yirmi birinci yüzyıldan bu yazıları yazarken ,milattan bugüne iz sürecek olursak:

Hun İmparatorluğu döneminden geçeceğiz,

Roma İmparatorluğu' ndan geçeceğiz,

Hz.Muhammed peygamberin döneminden geçeceğiz,

Emeviler ,

Abbasiler,

Anadolu Selçuklu Devleti,

Haçlı seferleri dönemi,

12. yy'da İngiliz halkının futbol sevgisinin kamu düzenini aşıp taşması sonucu, kral tarafından futbol oynamanın yasaklandığı İngiliz tarihi dönemi,

Osmanlı Devleti dönemi,

İstanbul un fethi,

Amerika'nın keşfi,

Ve artık 1872' li yıllarda iyice kuralları şekillenen futbol!..

1888 yıllarında kurulan İngiliz profesyonel ligi,

1904 FIFA'nın kurulması

Ve 1930 yılında ilk dünya kupası turnuvası…

21.yüzyılda ise,

Coşkusu artan,

küresel bir yarış…

32

FUTBOL VE ÇOCUK

Futbol günümüzde her yaştan, her kesimden bireylerin ulaşabileceği bir spor dalıdır.6 yaşından itibaren, çocukların spora başlamalarında eğlenceli ve geliştirici bir branş olabilir.

Teknoloji bireylerin bilgisini ve çok yönlü düşünme yeteneğini beslemektedir.Bireye bazı temel bilgilere ulaşma imkanı verebilmektedir.Çocukların gelişimi için; temel futbol başlangıç programları ;önemli spor kulüplerinin bu çalışmalara dair sosyal platformlarda yaptıkları paylaşımlar;anne babalara çocukların önünü açmak ve onlara yardımcı olmak icin yardımcı olabilir.

Bu temel bilgiler takip edilebilir,çocuklara zaman ayırıp bir program çerçevesinde temel çalışmalar aktarılabilir;çevresinde özel okul-klüp-kurs imkanı olmasa da çocuklar ;böylece biraz daha donanımlı yarınlara hazırlanabilir.

Çocuklar için mahallede toplanıp da top oynamak günümüzde doğal ve kolay bir süreç olmaktan çıkmış durumdadır.Anne babalar bir program ya da hedef içinde olmazlarsa;bu anlamda çocukları için bazı temel gereksinimleri ıskalayabilirler.

Teknoloji çocuklarımızı daha uzun yıllar boyunca ekran karşısında oturmaya itebilir.

Sonuçta;oyun nedir bilmeyen, bir takımın içine girip takımın parçası olamayan,dolayısıyla arkadaşlık ilişkilerini çesitlendirip besleyemeyen ,daha çok insan tanıyamayan, sosyal yaşamdan kopuk ,yaşamdan da pek keyif almayan özelliğe ya da özelliklere sahip çocuklarımız karşımıza çıkabilir.Bunun önüne geçilmelidir.

Oysa futbol;cinsiyet ayrımı gözetmeksizin;çocukların bedensel gelişimlerine,kas yapısına,fiziksel çabukluğuna , zihinsel hızlı ve etkili kara alma mekanizmasına çok olumlu yansıyacaktır.

Çocuğa küçük programlar halinde uygulanacak temel çalısmalar; onda yeterlilik ve o konuda tecrübeli olma duygusunu güçlendirip, başarabileceğine olan inancını attıracaktır.

Sosyalleşmesini, bir takıma dahil olmasını,takım içinde gelişiminini,uyumunu;organize olabilmesini;o zaman diliminden keyif alıp,mutlu olmasını sağlayacaktır.

Belediyelerin toplumun her kesimine ulaşan spor sahaları mevcuttur.'Anne babalar, kız erkek gözetmeksizin,çocuklarına birer top alarak onlara bu anlamda daha etkin zaman ayırmalılar ve birlikte çalışmalara başlamalılar' derim.Bu ebeynler için de bir dinamizm ve çocuklarla etkili zaman geçirme ortamı olurken;çocuklarda sağlıklı fiziksel ve zihinsel gelişim için;başarılı, hedefleri olan ve mutlu yarınlara layık çocuklar için; keyifli ve önemli bir çaba olacaktır.

LA MASIA FUTBOL OKULU

İspanya'da bir çiftlik evi değişime uğrayarak,1966' da futbol eğitiminin verildiği bir okul haline gelmiştir.

Hollandalı eski futbolcu ve teknik direktör Johan Cruyf' un liderliğinde, Barcelona takımına çok başarılı oyuncular kazandırmış bir okuldur.Öyle ki Barcelona oynamak istediği futbol için, bu okuldan oyuncularla hedefine ulaşır hale gelmiştir.

Bu okulda Cruyf un temel yaklaşımı en erken zamanda/ 7-8 yas/ yetenekli bir oyuncuyu keşfedip, hem okul eğitimini hem de futbol eğitimini bu okulda verebilmekti.

Messi 13 yaşında bu okula iyi bir yetenek olarak gelmiştir.

Temel oyun felsefeleri vardı.Paslaşma, topa sahip olma vb..

Ayrıca erdem ve ahlaki değerler, bunlarla ilgili disiplinler ve eğitim de bu okulda önemli idi.

Oyuncular A TAKIM'a yükselirlerse, futbolda parlak bir kariyer onları bekliyordu.Messi..İniesta Xavi gibi..

Yükselemezlerse de okulda akademik ve etik açıdan iyi bir eğitimle yaşamlarına devam ediyorlardı.

Cyruf 2016 yılında vefat etmiştir.

Cyruf 'dan sonraki dönemde oyuncularda teknik ve yetenekten çok, dayanıklı ve güçlü fizik yapısı oyuncularda aranan ve beklenen temel özellik olmuştur.

2011 yılında La Masia eski çiftlik eviyle başladığı öğretime yeni binasında devam etmiştir.

MARKA VE BAŞARI

Barcelona takımının 6- 8 yaş aralığında futbol antrenmanını izleyip de etkilenmemek mümkün değil: Bir markanın yarına hazırlanmasında, bir ülkenin yarına hazırlanması seyrediliyor adeta.

Gençler ve çocuklar fiziken, zihniyle, konsantre yeteneği ile ne kadar etkin kılınıyor yarınlar adına.

Bu durum insanda, markalar,spor ve başarı arasındaki ilişkiyi sorgulatıyor:

Mesela arabada marka olmak; teknolojik, donanımsal,ekonomik bir üstünlüktür. Böylesine; futbolda dünya capında basarılı ülkeler; acaba marka arabalar da üretebilmişler midir?

Futbolla, kücük yaşlardan itibaren; etkili/ fiziksel nitelik ve cabukluk /zihinsel kıvraklık/ ve /hızlı düşünüş/le ele alınan bu nesiller; ülkelerine marka üretebilmişler midir?

Küçük bir araştırma yapınca; bu soruların cevaplarının kesinlikle evet...olduğu beliriyor:

Futbolda marka olmuş ülkeler; marka arabalar da üretmişler.

Uzak doğu ülkeleri önemli araba markaları olusturmus ancak futbolda küresel bir başarı sergileyememişler.Bu; belki de ayrıca ele alınması gereken bir konudur.. Amerikayı' da belki buna dahil etmek gerekebilir.

Şimdi bazı futbol markaları çıkaran ülkelere ve o ülkelerin araba markalarına bakalım:

İNGİLTERE	Arsenal man.united liverpool aston villa / jaguar mini
İTALYA	inter juventus milan / ferrari lamborgini alfa romeo
ALMANYA	bayern munıh b.dortmund hertha berlin / porshe audi bmw mercedes
İSPANYA	atletico madrid barcelona real madrid / seat..
FRANSA	marsilya monaco citroen peugout renault

Bu yazı niye kaleme alındı ?

" Sağlam kafa sağlam vücutta bulunur" sözü bir hikaye degil; sağlam bir sözdür. /K.Atatürk/

Anne-babalar ve toplum en az matematik, fen bilimleri dersleri kadar; sporu önemsemelilerdir.

Zihnin dünyaya ve basarıya açık olmasında;iyi bir konsantrasyonda, sağlam ve dayanıklı bir fizik kondisyonunda;basarıyı vaadeden; temel bilimlerdeki gelişimi de destekleyecek; çok etken vardır.

Sporu ebeveynlerden başlayarak önemli ve kolay kılmak gereklidir.

Televizyon programları, evdeki bayanların sporuna önem verdikleri kadar; çocuklar içinde aynı imrendirmeyi yapmalılardır. Bu;başarıya goturen yolu kolaylaştıcağı gibi; ülke olarak ekonomik bir sınıf atlamaya neden olacaktır.

Ayrıca/sağlıklı bir yaşlılık /da vaadeden spor; ülke ekonomosine çok önemli bir sağlık tasarrufu da sağlayacaktır.

Ama önemli olan insandır. Yarınlarımızın mutlu, ülkemizin başarılı olmasıdır.

ACADEMİE GENERATİON FOOT /Futbol okulu

Senegal' de Dakar' ın bir köyündeki bu futbol okulu oldukça dikkat çekicidir.

Kurucusu Mady Toure; Fransa' da üst düzey, profesyonel bir futbol kariyeri varken, sakatlanması sonucu ülkesinde futbol okulu kurarak; acil bir ulusal bir canlanmanın öncülüğünü yapmaya çalışmış.

Senegal, zorlu fiziki ve ekonomik zor şartlardadır.% 56'sı 20 yaşın altında genç bir nüfusu vardır. Aynı zamanda ülke insanı, okullaşma, istihdam ve işsizlik kaygısı ile karşı karşıyadır.

2000 yılında akademi hayata geçirilmiştir.Mady Toure çalışmalarında Metz Futbol Klübü'nün desteğini almayı başarmıştır.

Akademide;13 -19 yaş arası erkek öğrencilere futbol eğitimi ve antrenman imkânı haricinde;

konaklama imkanı,

günde üç kez yemek,

okur yazarlık eğitimi / çünkü resmi dil yerel dilden farklı olarak Fransızca' dır / İngilizce dil eğitimi ve matematik eğitimi verilmektedir.

•Gençler bütün bu çalışmalardan ücretsiz olarak faydalanmaktadır.

Akademinin yatılı lise kısmı da vardır.

•Akademi; her sene eğitim alan iki oyuncuyu; Avrupa ya kariyer yapmak üzere göndermektedir. Şu ana kadar 70 genç oyuncusunu Avrupa' ya kariyer yapmaya göndermeyi başarmıştır.

•Sadio mane'

•Diafra Sakho

•Fallou Diagne

•Ismaila Sarr kulübün referans oyuncuları

arasındadır.

BASKETBOL demişken…

Basketbol,ilk zamanlar Amerika Birleşik Devletleri' nde kış antrenmanı olarak yapılmaya başlanmış.O zamanlar soğuk havalarda;atletizm ,beyzbol vb..branşlarda spor yapanların, antrenmanlarının aksamaması için başlayan bir etkinlik olmuş.

Zamanla sevilmiş, disipline edilmiş ve şu an günümüzde çok sevilen bir spor dalı.

Türkiye' ye ilk kez 1904 yılında Robert Koleji ile gelmiş.

Başlı başına bir branş olmakla beraber ,soğuk kış aylarının sportif bir etkinliği olarak halen etkin . Ve de etkin olmalı.

Ancak ülkemizde her yere ulaşan kapalı basketbol sahaları yok.Bu konu önemsenmelidir.

Hem yetişkinlerin, hem çocukların aynı anda antrenman yapabileceği şekilde; **basketbol sahaları ,futbol sahaları ile yarışırcasına olmalıdır.**

Ayrıca devlet okullarında, yaş gruplarına uygun bol miktarda basketbol topu ve futbol topları serbest etkinlik saatlerinde çocuklara verilebilmelidir.Topların bakımı da okul içinde yapılabilmelidir.

Bu çalışmalar, okullardaki serbest etkinlik saatlerinin daha geliştirici olmasını sağlayacaktır.

Okullarda ilköğretim çağındaki çocuklar/kendi yaş grupları içinde oyun kurma /disiplininden ayrılmamalıdır. İlkögretim çağında bir sene bile;çocukların adale kuvvetinde,fizik gücünde,top etkinliğinde çok farketmektedir.

Yaş grubu karışık etkinliklerde topla oynama süresi ,yaşı büyük olanların lehinde seyretmektedir.

Ayrıca saha içinde maalesef oyuncular arasında küfürleşme bariz farketmekte ,alt yaş grubundan gelen öğrenciler için bu durum,kötü bir örnek olmaktadır.

Çocuk; ailesi ne kadar dikkat ederse etsin küfrün kirliliğinden kendini kurtaramamakta ;küfür eden diğer çocuklar da nasıl bir kirliliğe alıştığının farkında olmamaktadır.

Beden zindeliği için ,zihin zindeliği için spor ; çok önemlidir.

Çocukların dillerinin kirlenmemesi de ; zihin ve ifade zindeliği için çok önemlidir.Çünkü kelimeler;insanın bilgi ve erdem dağarcığına uygun olursa; yarınlar adına erdemli bir yetişkin beklemek kolay olacaktır.

Çocuklar küçük yaştan itibaren ;hayranı olduğu bir basketbolcu gibi rebaunt alıyorlar;ya da olmayı hayal ettiği bir futbolcu gibi şut çekiyorlar.

Peki oyunculardan duymadıkları bu küfrü nerden ve niçin öğreniyorlar?

YÜZYILIN 11'İ

İlk dünya şampiyonası; bundan tam 87 yıl önce yapılmış. Herhalde;80′ li yıllarda televizyonların hayatımızın parçası haline gelmesiyle, futbol heyecanı dünya çapında iyiden iyiye kendini hissettirdi.

Çok genç olanlar hariç; birçok kişi Alman Milli Takımı'ndaki Matthaus' u hatırlar.80 li yılların efsane dünya şampiyonası coşkusu,evlerin içine ekranlardan taşardı.Sonraki yıllarda da böyle oldu şüphesiz.

On üç sene sonra; dünya şampiyonasında yüzyıl yaşanmış olacak.

Bu on üç sene içinde; sahada acaba başka hangi yıldızlar belirecek ?

Tribünlerin coşkulu yüzlerinden ve hayatımızdan acaba neler gelip geçecek?

Yüzyılın onbiri futbol için ;gerçekten unutulmaz şahsiyetler olacaktır.

Barış dolu,savaşların gölge etmediği; bir/ **Futbol Yüzyıl Şampiyonası**/ kuşkusuz görülmeye değer bir heyecan ve muhteşemlikte olacaktır.

Barış dolu,savaşların gölge etmediği; bir/ Futbol Yüzyıl Şampiyonası/ kuşkusuz görülmeye değer bir heyecan ve muhteşemlikte olacaktır

DİLEKÇE

Ortalama kırklı yaşlarda insanların illaki hayatının bir döneminde yaşadığı bir stres vardır:
Dilekçe

**Çünkü okullarımızda aldığımız eğitime göre; imzanın sol alta mı?;tarihin yoksa sağ üst
köşeye mi? Adresin sağa mı sola mı yazılacağı çok önemli bir mesele idi.Bir de dilekçe
çeşitleri vardı.O konu da araya girince hafızası iyi olmayanlar için mesele içinden çıkılmaz
bir hal alıyordu.**

Dilekçenin biçimine o kadar önem verdik ki; içeriği ve etkinliği hiç anlaşılmadı.Dilekçe yazmak
bu biçim kuralları nedeniyle o kadar yokuşa sürüldü ki yazmadan yaşamaya çalışmak daha
makul oldu.

Oysa dilekçe medeniyettir.Bir geri bildirimdir.Bazen sosyal bir kontrol mekanizmasıdır.Bir
aksaklık ya da yanlışın hemen kayda geçirilmesi;bu sebeple takip de edilebilmesidir.Bazenaydın
bir zihniyetin yansımasıdır.Bazen bir garibin kendini ifadesidir.Böylece toplumun medeniyet
eşiğinin yükselmesidir.

Dilekçeniz yoksa gerilimli bir iletişime hazır olmak zorunda kalabilirsiniz.

Konu şahsileşip yakışıksız bir hal alabilir her iki taraf da görev ve hukukunun bulunduğu sahadan çıkıp; haksızca özel alanlara taşkınlık yapabilir.

Objektif olabilecek bir konu, subjektif hale gelebilir.

O yüzden insanların ne istediklerini,ne düşündüklerini,ne tespit ettiklerini rahatça ve özgürce ifade ettikleri dilekçelerde biçimi değil; önce;demek istenen şeyi konuşmalıdır.

Gerisine bir kolaylık ve yardımcı illaki çıkacaktır.
Reklamlar

FAL

İnsanlar geleceğe dair ümitli birşeyler duymak istiyorlar.O yüzden olmalı fal dinleyişleri.Oysa yaşama dair birşeyler anlatmak için falcı olmaya gerek yok.

Merak eden bilsin ki;ummadığı yerden bir sevinç yaşayacaktır.Ummadığı şekilde bir hayal kırıklığı yaşayabilir.Güvendigi dağlara karlar yağabilir. Ansızın güzel bir haber alabilir.Bir dönem maddi sıkıntı içinde kalabilir.Ümitsiz olmazsa bu sıkıntılar kendini güzel günlere bırakabilir vb..

Çünkü hayat böyledir.İyi gün de;kötü görünen günleri de olabilir.Önemli olan kişinin zihin, fikir ve gönül olarak donanımlı olmasıdır.O zaman her gün güzeldir.Ya da güzel günlere gebedir.

42

Declaration,Statement,Representation

İfade,beyan/decleration,statement vb..

Nedir bunlar?

Bunlar insana dünyasını ifade ettiren, anlattıran temel insani yetenekler.Herkeste olan yetenekler.Herkeste olan bir şey çok işlevsel olmalı.Günümüzde bu işlevsellik maximum kullanimda ancak yine de minimum seviyede bir farkındalığı birçok insanda sürüyor.

- **İnsanlar;temel kabiliyeti olan beyanı(decleration) kullanabilmeleri için:**
- öncelikle farkındalığı yüksek olup; düşünebilmelilerdir.
- "Hiç düşünmez misiniz?"
- Kendileriyle barışık olmalı ve özeleştiri yapıp hatalarını kendi içlerinde kendilerine itiraf edebilmelilerdir.
- **Mükemmel olma kaygısı içinde olmamalılardır.**
- Herhalde beyan insanda böyle kuvvet bulur.**Bu belki bir Kaf Dağı'dır.**Çünkü içimizde bizi bize beğendirmeye çalışan etkenler muhtemelen hiç bitmeyecektir.Ya da bizi beğenenler hiç bitmeyecektir..? Kimbilir?
- Kendini beğenmiş olduğunu itiraf eden insan, kendini beğenmez olur diyemeyeceğim.Çünkü egomuz çoğumuzda oldukça yüksektir.Ama kendi iç farkındalığımız, kusurumuzu görüp itiraf edişimiz, mükemmel olmak zorunda olmayışımız **bizi birçok kaygı bozukluğundan uzaklaştıracaktır.**
- İşte insan, hürriyetini kazandığı bu noktada;erdemli bir dayanak noktası da bulmuşsa;birçok zorluğun,kolaylığa gebe olduğunu görecektir.

  Hürriyet, erdem, eşitlik düşüncesi birleşince; dürüstlük de onlarla gelir.

- **Ve beyan(statement) insana,insana yakışır bir erdem ve güzellik kazandırır:**

Kim olduğu önemli olmaksızın beyanı(statement) doğru olmak.   Kendi düşüncesi ne olursa olsun beyanı(decleration) doğru olmak.

Sevmese de; beyanı(decleration)doğru olmak.

- Eksiltmeden,gizlemeden, çekinmeden, öfkelenmeden, bir çıkar ummadan beyanı(statement) doğru olmak.Çok muazzam, çok dinamik, insanı çok geliştirici, çağını çok aşkın birşey…

•

- İşte beyanı(decleration, statement) doğru birini önemli bir şahsiyet haline getiren hürriyet, erdem, insaf ve kendine karşı olan dürüstlüğünün kendine karşı beyan(decleration) da başlayıp, süregelip, sonlanması.
- Beyanda kâinattaki yıldızların beyanlarını(decleration)dinlemek..
- Beyanda çiçekleri sevmek..
- Beyanda(decleration) eşitlik şartlı bir noktayı;bir molekülün çekirdeğini yerleştirir gibi bir dikkatle yerine koyabilmek.

•

- İşte o zaman 'anlaşılmıyorum' lar olmayacaktır.İnsan iç yolculuğunu yapabilip de beyan edebilse muhatabına..

•

- Bu yolculuğun zorlu gelmesi maalesef bizim engelleyici, korkutucu iç seslerimizin eseri. Nedense hep kaybetmekten insan.Ya duymazsa muhatabımız?../Bu o kadar da önemli

olmamalı…

SANAT HERYERDE

Çok sevilen bir konserin izlenmesinden ziyade kameraya kaydedilmesi,insanda o andaki hislerini sonraya da taşımak istediğinin bir ifadesidir.

Günümüzde insanın anlaşılmak istenme hali yaşadıklarının kaybolup gitmesini istememe hali, o anı fotoğraflama ve kameraya çekme eylemiyle belirgindir.

Bu eylem çok da insanidir.

Ruhu hassas, estetik duygusu gelişmiş kimseler için dünya artık bir sanat atölyesi halindedir.

Digital ortam duyarlı ve hassas insanların içindeki sanatkarı ortaya çıkarabilmektedir.**Dünyanın yansımaları ve değişimler bu hassas gözlerden süzülüp önümüze gelmektedir.**

O yansımalarda bazen canevimizden de vuruluruz. Hayranlık içinde mest de oluruz.

Böylece medeniyet tarihçiliği yapan sessiz sanatkarlara teşekkür etmeli.

Sanat olan bitenin insanda bir yansımasıdır.

Tarih ve yaşanmışlık taşır.

ASTRONOMİ OKUMALARI

VENÜS

Günümüzde Eski Yunan, eski Mısır Medeniyetlerinde, İslam Medeniyeti'nde ve ortaçağ sonrası Avrupa'da astronomi birikimleri okunuyor ya da yazılıyor.

Günümüzde her sıradan okuyucu bir Aristo,bir Batlamyus olmasa da bilimsel okuma yapma şansına sahip.Bütün bir bilgi sağanağı merak edenler için ekranın bir tık ötesinde.

Belki hayret etme yeteneğimiz bilgi akışı artıkça yozlaşırken,bilginin sahiciliğine ulaştıkça canlanmakta.

Bugün Venüs'e dair neler okunuyor?

Güneş battıktan sonra görülen gökyüzünde görülen en parlak yıldız Venüs'tür:

Çıplak gözle gördüğümüz ta kendisidir.

Güneş doğarken de görülen en parlak yıldız Venüs'dür.

Güneş'e Dünya'dan daha yakındır.

Yüzey sıcaklığı 480 santigrad derecelerdedir.Oysa biz Dünya'da bölgelere göre değişse de, ortalama 21 santigrad derecede yaşıyoruz.

Atmosfer basıncımız ideal olduğu için hava basıncıyla ezilmiyoruz ya da kulak zarımız patlamıyor.Ama Venüs'de olsaydık, yüksek sıcaklığa dayanamazdık.Atmosferinde yoğun karbondioksit olduğu için havasızlıkan ölürdük.Ve atmosfer basıncı, Dünya'mıza göre 92 kat fazla olduğu için yüzeyine girdiğimiz anda ezilirdik.

Orada yağan yağmur da su değildir.Hiç durmadan yağan sülfürik asit yağmurları vardır.Ve de yağmur damlaları yüzeye ulaşmadan buharlaşarak Venüs bulutlarına geri döner.

Venüs de bir gün yaşamak istesek, bu dünyaya göre 243 gün geçirmiş oluruz.

Bir yıl geçirmek istesek, bir Venüs gününden daha az zaman yaşarız.Dünya'mıza göre konuşursak, 225 günde bir yılımız biter.Çünkü Venüs Güneş' in çevresinde, kendi çevresindeki dönüş hızına göre daha çabuk döner.

Yani Venüs ün bir günü bir yılından uzundur.

Dünya'da ise 24 saatte bir günümüz, 365 günde bir yılımız bitiverir.

Venüs ve alev alev yüzeyi...

Dünya'da güzel bir gün dileğiyle...